Leitlinien zur Verrechnungspreis-dokumentation und länderbezogenen Berichterstattung

Dieses Dokument und die darin enthaltenen Karten berühren weder den völkerrechtlichen Status von Territorien noch die Souveränität über Territorien, den Verlauf internationaler Grenzen und Grenzlinien sowie den Namen von Territorien, Städten oder Gebieten.

Bitte zitieren Sie diese Publikation wie folgt:
OECD (2015), *Leitlinien zur Verrechnungspreisdokumentation und länderbezogenen Berichterstattung*, OECD Publishing, Paris.
http://dx.doi.org/10.1787/9789264231283-de

ISBN 978-92-64-23126-9 (Print)
ISBN 978-92-64-23128-3 (PDF)

Originaltitel: *Guidance on Transfer Pricing Documentation and Country-by-Country Reporting – Instructions relatives à la documentation des prix de transfert et aux déclarations pays par pays*
Übersetzung durch den Deutschen Übersetzungsdienst der OECD.

Korrigenda zu OECD-Veröffentlichungen sind verfügbar unter:
www.oecd.org/about/publishing/corrigenda.htm.

© OECD 2015

Die OECD gestattet das Kopieren, Herunterladen und Abdrucken von OECD-Inhalten für den eigenen Gebrauch sowie das Einfügen von Auszügen aus OECD-Veröffentlichungen, -Datenbanken und -Multimediaprodukten in eigene Dokumente, Präsentationen, Blogs, Websites und Lehrmaterialien, vorausgesetzt die Quelle und der Urheberrechtsinhaber werden in geeigneter Weise genannt. Sämtliche Anfragen bezüglich Verwendung für öffentliche oder kommerzielle Zwecke bzw. Übersetzungsrechte sind zu richten an: *rights@oecd.org*. Die Genehmigung zur Kopie von Teilen dieser Publikation für den öffentlichen oder kommerziellen Gebrauch ist direkt einzuholen beim Copyright Clearance Center (CCC) unter *info@copyright.com* oder beim Centre français d'exploitation du droit de copie (CFC) unter *contact@cfcopies.com*.

Vorwort

Die Auseinandersetzung mit Gewinnverkürzung und Gewinnverlagerung (Base Erosion and Profit Shifting – BEPS) ist für Staaten weltweit ein zentrales Anliegen. 2013 verabschiedeten die OECD- und G20-Länder in Zusammenarbeit auf gleicher Basis einen 15-Punkte-Aktionsplan zur Bekämpfung von Gewinnverkürzung und Gewinnverlagerung. Ziel des Aktionsplans ist es sicherzustellen, dass Gewinne dort besteuert werden, wo die wirtschaftliche Tätigkeit, mit der die Gewinne erzielt werden, ausgeübt wird und wo eine Wertschöpfung stattfindet. Die Länder verständigten sich darauf, dass die Bekämpfung von Gewinnverkürzung und Gewinnverlagerung von entscheidender Bedeutung ist und zeitnah erfolgen muss – nicht zuletzt, um ein Auseinanderfallen des bestehenden konsensbasierten Regelwerks für internationale Steuerangelegenheiten zu verhindern, durch das sich die Unsicherheit für die Unternehmen in einer Zeit erhöhen würde, in der grenzüberschreitende Investitionen mehr denn je gebraucht werden. Der Aktionsplan enthält daher 15 Punkte mit Maßnahmen, die bis spätestens 2015 ausgearbeitet werden sollen, wobei eine Reihe von Maßnahmen bereits 2014 vorgelegt werden soll.

Der Ausschuss für Steuerfragen (Committee on Fiscal Affairs – CFA) der OECD hat unter Mitwirkung von 44 Ländern (alle OECD-Mitgliedsländer, OECD-Beitrittsländer und G20-Länder) auf gleicher Basis ein erstes Paket von sieben im Aktionsplan beschriebenen und 2014 fälligen Arbeitsergebnissen verabschiedet. Der vorliegende Bericht, der auf Punkt 13 des Aktionsplans beruht, zählt zu diesen Arbeitsergebnissen.

Entwicklungsländer und andere Nicht-OECD-/Nicht-G20-Volkswirtschaften wurden auf breiter Basis über regionale und globale Foren konsultiert, und ihre Kommentare wurden in den Arbeiten berücksichtigt. Auch Wirtschaftsvertreter, Gewerkschaften, zivilgesellschaftliche Organisationen und Wissenschaftler wurden durch die Möglichkeit, Kommentare zu den Diskussionsentwürfen einzureichen, in umfassender Weise in den Prozess eingebunden. Die Diskussionsentwürfe wurden in Stellungnahmen im Umfang von insgesamt 3 500 Seiten kommentiert und im Rahmen von fünf öffentlichen Konsultationssitzungen sowie drei Webcasts mit über 10 000 Zuschauern diskutiert.

Das 2014 vorgelegte erste Paket von Berichten und Empfehlungen setzt sich mit sieben der Aktionspunkte auseinander, die im BEPS-Aktionsplan vom Juli 2013 aufgeführt sind. Da es das Ziel des Aktionsplans ist, umfassende und kohärente Lösungen für die BEPS-Problematik zu entwickeln, wurden die vorgeschlagenen Maßnahmen zwar vereinbart, sind aber noch nicht als endgültig zu verstehen. Sie könnten von einigen der Entscheidungen beeinflusst werden, die im Hinblick auf die 2015 erwarteten Arbeitsergebnisse zu treffen sind, bei denen Wechselwirkungen mit den Arbeitsergebnissen des Jahres 2014 bestehen. Sie stellen den Konsens von Juli 2014 zu einer Reihe von Lösungen zur Bekämpfung von BEPS dar.

Die Verabschiedung dieses ersten Pakets von Arbeitsergebnissen und die Umsetzung der entsprechenden Maßnahmen durch die einzelnen Staaten bedeutet, dass Besteuerungsinkongruenzen neutralisiert werden, Treaty-Shopping und anderen Formen von Abkommensmissbrauch entgegengewirkt wird, der Missbrauch der Verrechnungspreisregeln im Bereich der immateriellen Werte bedeutend verringert wird, und eine länderbezogene Berichterstattung (Country-by-Country-Reporting) den Staaten Informationen zur weltweiten Verteilung der Gewinne, der Wirtschaftstätigkeit und der Steuern von multinationalen Unternehmen liefern wird. Ferner haben sich die OECD- und G20-Länder auf einen Bericht geeinigt, der zu dem Schluss kommt, dass BEPS-Maßnahmen durch ein multilaterales Instrument umgesetzt werden können. Sie haben darüber hinaus die Arbeiten zur Bekämpfung schädlicher Steuerpraktiken vorangetrieben, insbesondere im Bereich der Regelungen für geistiges Eigentum und der Vorabzusagen. Sie sind außerdem zu einem gemeinsamen Verständnis der Herausforderungen der digitalen Wirtschaft gelangt, das es ihnen nun ermöglicht, ihre Arbeiten in diesem Bereich, der in besonderem Maße von BEPS betroffen ist, zu vertiefen.

BEPS erfordert zwangsläufig koordinierte Gegenmaßnahmen. Aus diesem Grund investieren die Länder Zeit und Ressourcen in die Entwicklung gemeinsamer Lösungen für gemeinsame Probleme. Gleichzeitig bewahren sich die Länder ihre Hoheitsrechte in Steuerangelegenheiten, und die Maßnahmen können in den einzelnen Ländern auf unterschiedliche Weise umgesetzt werden, solange sie nicht im Widerspruch zu den internationalen rechtlichen Verpflichtungen der Länder stehen.

Inhaltsverzeichnis

 © OECD 2015

Abkürzungen

APA Vorabverständigung über die Verrechnungspreisgestaltung (Advance Pricing Agreement)

BEPS Gewinnverkürzung und Gewinnverlagerung (Base Erosion and Profit Shifting)

CFA Ausschuss für Steuerfragen

OECD Organisation für wirtschaftliche Zusammenarbeit und Entwicklung

FuE Forschung und Entwicklung

KMU Kleine und mittlere Unternehmen

Zusammenfassung

Punkt 13 des *Aktionsplans zur Bekämpfung der Gewinnverkürzung und Gewinnverlagerung* (OECD, 2014) stellt fest, dass die Verbesserung der Transparenz für die Steuerverwaltungen durch die Bereitstellung ausreichender Informationen zur Durchführung von Risikoabschätzungen und Prüfungen in Verrechnungspreisfragen wesentlich zur Bewältigung des Problems der Gewinnverkürzung und Gewinnverlagerung (BEPS) beitragen kann. Der vorliegende Bericht enthält überarbeitete Standards für die Verrechnungspreisdokumentation sowie ein Muster für eine länderbezogene Berichterstattung (Country-by-Country Report) über Einkünfte, Gewinne, gezahlte Steuern sowie bestimmte Messgrößen wirtschaftlicher Aktivität.

Für den Country-by-Country Report müssen multinationale Unternehmen jährlich und für alle Steuerhoheitsgebiete, in denen sie einer Geschäftstätigkeit nachgehen, die Höhe ihrer Einkünfte, ihrer Vorsteuergewinne sowie ihrer bereits gezahlten und noch zu zahlenden Ertragsteuern angeben. Außerdem müssen sie für diesen Bericht Angaben zu ihrer Gesamtbeschäftigtenzahl, zu ihrem Kapital, ihren einbehaltenen Gewinnen und ihren materiellen Vermögenswerten in den einzelnen Steuerhoheitsgebieten machen. Des Weiteren müssen sie alle Konzerneinheiten identifizieren, die in einem bestimmten Steuerhoheitsgebiet tätig sind, und Informationen zu der von den einzelnen Konzerneinheiten ausgeübten Geschäftstätigkeit liefern.

Die Leitlinien zur Verrechnungspreisdokumentation verlangen von multinationalen Unternehmen, dass sie den Steuerverwaltungen übergeordnete globale Informationen über ihre weltweite Geschäftstätigkeit und ihre Verrechnungspreispolitik liefern, die in einer „Stammdokumentation“ („Master File“) zusammenzufassen sind, die den Steuerverwaltungen aller betroffenen Staaten zur Verfügung steht. Sie verlangen zudem, dass eine stärker geschäftsvorfallbezogene Verrechnungspreisdokumentation geliefert wird, und zwar in einer für jeden Staat zu erstellenden landesspezifischen Dokumentation („Local File“), in der alle einschlägigen Geschäftsvorfälle mit nahestehenden Dritten, die Beträge, um die es bei diesen Geschäftsvorfällen geht, sowie die Analyse der Verrechnungspreisbestimmung, die das multinationale Unternehmen in Bezug auf diese Geschäftsvorfälle vorgenommen hat, identifiziert sind.

Diese drei Dokumente zusammen (Country-by-Country Report, Stammdokumentation und landesspezifische Dokumentation) fordern die Steuerpflichtigen auf, konsistente Verrechnungspreisannahmen zu formulieren, den Steuerverwaltungen nützliche Informationen an die Hand geben, um Risiken der Verrechnungspreisgestaltung abzuschätzen und zu bestimmen, wo Prüfungsressourcen am wirkungsvollsten eingesetzt werden können, und, falls Prüfungen nötig sind, Informationen für die Einleitung und gezielte Ausrichtung dieser Prüfungen liefern. Durch diese Informationen sollte es für die Steuerverwaltungen leichter werden, festzustellen, ob Unternehmen Verrechnungspreis- und sonstige Praktiken angewendet haben, die zu einer künstlichen Verlagerung erheblicher Gewinnbeträge in Gebiete mit günstigerer Besteuerung führen. Die am BEPS-Projekt teilnehmenden Staaten sind sich einig, dass die neuen Berichtsbestimmungen und die Transparenz, die sie fördern, zur Verwirklichung des Ziels beitragen, BEPS-Praktiken zu erkennen, zu kontrollieren und zu bekämpfen.

Im konkreten Inhalt der verschiedenen Dokumente drückt sich ein Bestreben aus, das richtige Gleichgewicht zu finden zwischen dem Informationsbedarf der Steuerverwaltungen, den Bedenken über eine unangemessene Nutzung der Informationen sowie den Befolgungskosten und -lasten, die den Unternehmen entstehen. Manche Länder würden dieses Gleichgewicht anders definieren und für den Country-by-Country Report (zusätzlich zu den in der Stammdokumentation und der landesspezifischen Dokumentation enthaltenen Angaben zu Geschäftsvorfällen von auf ihrem Staatsgebiet tätigen Geschäftseinheiten) weitere geschäftsvorfallbezogene Angaben zu Zinszahlungen, Lizenzzahlungen und vor allem Dienstleistungsvergütungen zwischen nahestehenden Unternehmen fordern. Bei den Ländern, die dies befürworten, handelt es sich in erster Linie um aufstrebende Volkswirtschaften (Argentinien, Brasilien, China, Kolumbien, Indien, Mexiko, Südafrika und die Türkei), die die Ansicht vertreten, dass sie solche Informationen zur Durchführung von Risikoabschätzungen benötigen, und die es schwierig finden, sich Informationen über die globale Geschäftstätigkeit von multinationalen Konzernen zu beschaffen, deren Hauptsitz sich in anderen Ländern befindet. Andere Länder bekundeten ihre Unterstützung für die Art und Weise, wie das angestrebte Gleichgewicht in diesem Text hergestellt wurde. Unter Berücksichtigung all dieser verschiedenen Ansichten wurde beschlossen, dass die am BEPS-Projekt teilnehmenden Länder die Umsetzung dieser neuen Standards genau überprüfen und spätestens Ende 2020 evaluieren werden, ob am Inhalt der Berichte Änderungen vorgenommen werden sollten, um die Aufnahme zusätzlicher oder anderer Daten vorzuschreiben.

Es wird entscheidend auf eine wirkungsvolle Umsetzung der neuen Berichtsstandards und Berichterstattungsregeln ankommen. In den kommenden Monaten werden zusätzliche Arbeiten zur Identifizierung der geeignetsten Methoden unternommen werden, um die erforderlichen Informationen bereitzustellen und den Steuerverwaltungen zukommen zu lassen. Bei diesen Arbeiten werden Fragen des Schutzes der Vertraulichkeit der durch die Berichtsstandards geforderten Informationen, die Notwendigkeit einer zeitgerechten Bereitstellung der Informationen für alle betroffenen Länder sowie andere relevante Faktoren gebührende Beachtung erhalten.

Literaturverzeichnis

OECD (2014), *Aktionsplan zur Bekämpfung der Gewinnverkürzung und Gewinnverlagerung*, OECD Publishing, *http://dx.doi.org/10.1787/9789264209688-de*.

Kapitel V

Dokumentation

Der Text von Kapitel V der Verrechnungspreisleitlinien wird vollständig gestrichen und durch den folgenden Text mit den dazugehörigen Anhängen ersetzt.

A. Einführung

1. Dieses Kapitel enthält Leitlinien, die von den Steuerverwaltungen bei der Ausarbeitung von Regeln und/oder Verfahren für die Dokumentation zu beachten sind, die sie von den Steuerpflichtigen im Zusammenhang mit einer Untersuchung oder Risikoabschätzung der Verrechnungspreisgestaltung erhalten müssen. Zudem enthält es Hinweise, die den Steuerpflichtigen helfen sollen, jene Unterlagen zu identifizieren, die am hilfreichsten sind, um die Übereinstimmung ihrer Geschäftsvorfälle mit dem Fremdvergleichsgrundsatz nachzuweisen und so zur Klärung von Verrechnungspreisfragen und zur Vereinfachung von Betriebsprüfungen beizutragen.

2. Als das Kapitel V dieser Leitlinien 1995 verabschiedet wurde, hatten Steuerverwaltungen und Steuerpflichtige weniger Erfahrung mit der Erstellung und Verwendung von Verrechnungspreisdokumentation als heute. Der frühere Wortlaut von Kapitel V der Leitlinien betonte die Notwendigkeit der Angemessenheit des Dokumentationsprozesses, sowohl aus Sicht der Steuerpflichtigen als auch der Steuerverwaltungen, sowie das Streben nach einem größeren Maß an Kooperation zwischen Steuerverwaltungen und Steuerpflichtigen in Dokumentationsfragen, um einen überhöhten Befolgungsaufwand in diesem Bereich zu vermeiden und zugleich für ausreichende Informationen für eine verlässliche Anwendung des Fremdvergleichsgrundsatzes zu sorgen. Der frühere Wortlaut von Kapitel V enthielt weder eine Liste von Unterlagen, die in der Verrechnungspreisdokumentation enthalten sein sollten, noch klare Leitlinien in

Bezug auf den Zusammenhang zwischen dem Prozess der Verrechnungspreisdokumentierung, der Verhängung von Strafen und der Beweislast.

3. Seitdem haben zahlreiche Länder Regeln für die Verrechnungspreisdokumentation eingeführt, und die Zunahme dieser Auflagen führte in Kombination mit dem drastischen Anstieg des Umfangs und der Komplexität der internationalen konzerninternen Geschäftsvorfälle sowie der verstärkten Prüfung von Verrechnungspreisfragen durch die Steuerverwaltungen zu einer deutlichen Erhöhung der Befolgungskosten für die Steuerpflichtigen. Dennoch haben die Steuerverwaltungen häufig den Eindruck, dass die Verrechnungspreisdokumentation nicht alle erforderlichen Informationen liefert und für ihren Steuerfestsetzungs- und Risikoabschätzungsbedarf nicht ausreichend ist.

4. In der nachstehenden Erörterung werden drei Ziele identifiziert, die mit Regeln für die Verrechnungspreisdokumentation verfolgt werden. Die Erörterung enthält zudem Leitlinien dazu, wie solche Regeln ausgearbeitet werden können, damit die Befolgung der Verrechnungspreisvorschriften einfacher und in den verschiedenen Ländern einheitlicher wird und die Steuerverwaltungen zugleich präzisere und nützlichere Informationen für Risikoabschätzungen und Prüfungen in Verrechnungspreisfragen erhalten. Eine wichtige übergeordnete Erwägung bei der Ausarbeitung solcher Regeln ist es, das richtige Gleichgewicht zu finden zwischen dem Nutzen, den die Informationen für die Steuerverwaltungen bei der Risikoabschätzung der Verrechnungspreisgestaltung sowie sonstigen Aufgaben haben, und dem erhöhten Befolgungsaufwand, der den Steuerpflichtigen dadurch entsteht. Diesbezüglich sei darauf hingewiesen, dass klare und allgemein geltende Dokumentationsregeln die Befolgungskosten reduzieren können, zu denen es sonst in einem Verrechnungspreiskonflikt kommen kann.

B. Ziele der Anforderungen in Bezug auf die Verrechnungspreisdokumentation

5. Die drei Ziele der Verrechnungspreisdokumentation sind:

1. sicherzustellen, dass die Steuerpflichtigen den Verrechnungspreisanforderungen bei der Festlegung der Preise und sonstigen Bedingungen von Geschäftsvorfällen zwischen verbundenen Unternehmen sowie bei der Aufzeichnung der Erträge aus diesen Geschäftsvorfällen in ihrer Steuererklärung gebührende Beachtung schenken;

2. den Steuerverwaltungen die notwendigen Informationen zur Verfügung zu stellen, um eine sachkundige Risikoabschätzung der Verrechnungspreisgestaltung durchführen zu können;
3. den Steuerverwaltungen die nützlichen Informationen zur Verfügung zu stellen, die sie zur Durchführung einer angemessenen und sorgfältigen Prüfung der Verrechnungspreispraxis von in ihrem Staat steuerpflichtigen Unternehmen verwenden können, auch wenn die Dokumentation im Verlauf der Prüfung möglicherweise durch zusätzliche Informationen ergänzt werden muss.

6. Jedes dieser Ziele sollte bei der Gestaltung geeigneter innerstaatlicher Anforderungen für die Verrechnungspreisdokumentation beachtet werden. Es ist wichtig, von den Steuerpflichtigen zu verlangen, dass sie bei bzw. vor der Erstellung ihrer Steuererklärung selbst sorgfältig evaluieren, inwieweit sie die geltenden Verrechnungspreisregeln eingehalten haben. Wichtig ist auch, dass die Steuerverwaltungen in der Lage sind, auf die Informationen zuzugreifen, die sie benötigen, um eine Risikoabschätzung der Verrechnungspreisgestaltung durchzuführen und so eine sachlich fundierte Entscheidung darüber zu treffen, ob eine Prüfung durchgeführt werden sollte. Darüber hinaus ist es wichtig, dass die Steuerverwaltungen in der Lage sind, zeitnah auf alle zusätzlich notwendigen Informationen zuzugreifen bzw. diese anzufordern, um eine umfassende Prüfung durchzuführen, wenn die Entscheidung getroffen wurde, eine solche Prüfung durchzuführen.

B.1 Beurteilung der Einhaltung des Fremdvergleichsgrundsatzes durch den Steuerpflichtigen selbst

7. Indem sie die Steuerpflichtigen verpflichtet, überzeugende, konsistente und stichhaltige Verrechnungspreisannahmen zu formulieren, kann die Verrechnungspreisdokumentation helfen sicherzustellen, dass eine Kultur der Steuerehrlichkeit entsteht. Eine sorgfältig ausgearbeitete Verrechnungspreisdokumentation wird den Steuerverwaltungen eine gewisse Sicherheit geben, dass der Steuerpflichtige die Positionen, die er in seiner Steuererklärung angibt, analysiert hat, dass er die verfügbaren Vergleichswerte untersucht hat und dass er zu konsistenten Verrechnungspreisannahmen gelangt ist. Darüber hinaus tragen die Anforderungen zur Erstellung einer zeitnahen Dokumentation zur Sicherung der Integrität der Annahmen der Steuerpflichtigen bei und hindern diese daran, nachträgliche Begründungen ihrer Annahmen auszuarbeiten.

8. Dieses Ziel zur Steuerehrlichkeit kann durch zwei wichtige Vorgehensweisen gefördert werden. Erstens können die Steuerverwaltungen verlangen, dass die Dokumentationspflichten für Verrechnungspreiszwecke zeitnah erfüllt werden. Dies bedeutet, dass die Dokumentation zum Zeitpunkt des Geschäftsvorfalls bzw. auf jeden Fall spätestens zum Zeitpunkt der Erstellung und Einreichung der Steuererklärung für das Steuerjahr, in dem der Geschäftsvorfall stattfand, erstellt werden muss. Die zweite Möglichkeit zur Förderung der Steuerehrlichkeit wäre die Einrichtung von Strafregelungen in Verrechnungspreisfragen, die so beschaffen sind, dass sie eine rechtzeitige und korrekte Erstellung der Verrechnungspreisdokumentation belohnen und Anreize für eine rechtzeitige und sorgfältige Betrachtung der Verrechnungspreisannahmen des Steuerpflichtigen schaffen. Die Aufbewahrungspflichten und Strafbestimmungen in Bezug auf die Verrechnungspreisdokumentation werden weiter unten in Abschnitt D eingehender erörtert.

9. Zwar werden die Steuerpflichtigen die Verrechnungspreisdokumentation idealerweise als Gelegenheit nutzen, eine gut durchdachte Grundlage für ihre Verrechnungspreispolitik zu formulieren, womit sie einen wichtigen Zweck solcher Auflagen erfüllen, allerdings können Faktoren wie Kosten, Zeitmangel und eine Vielzahl verschiedener Fragen, die die Aufmerksamkeit der zuständigen Mitarbeiter erfordern, diesen Zielen mitunter zuwiderlaufen. Daher ist es wichtig, dass die Staaten darauf achten, dass die Dokumentationsauflagen vertretbar und auf wesentliche Geschäftsvorfälle ausgerichtet bleiben, damit gewährleistet ist, dass die wichtigsten Fragen volle Aufmerksamkeit erhalten.

B.2 Risikoabschätzung der Verrechnungspreisgestaltung

10. Eine effektive Identifizierung und Bewertung der Risiken ist ein wesentlicher erster Schritt im Prozess der Auswahl der richtigen Fälle für Verrechnungspreisprüfungen oder -untersuchungen sowie im Hinblick auf die Ausrichtung solcher Prüfungen auf die wichtigsten Fragen. Da den Steuerverwaltungen nur begrenzte Mittel zur Verfügung stehen, ist es wichtig, dass sie gleich zu Beginn einer potenziellen Prüfung richtig einschätzen, ob die Verrechnungspreisgestaltung eines Steuerpflichtigen eine eingehende Prüfung sowie die Aufwendung erheblicher Ressourcen beim Steuervollzug rechtfertigt. Gerade in Bezug auf Verrechnungspreisfragen (die im Allgemeinen komplex und faktenintensiv sind) ist eine effektive Risikoabschätzung eine entscheidende Vorbedingung für eine gezielte und ressourceneffiziente Prüfung. Das *OECD Handbook on Transfer Pricing Risk Assessment* kann bei der Durchführung einer solchen Risikoabschätzung hilfreich sein.

11. Zur richtigen Einschätzung des Risikos aus der Verrechnungspreisgestaltung müssen die Steuerverwaltungen frühzeitig Zugang zu ausreichenden, sachdienlichen und verlässlichen Informationen haben. Zwar gibt es viele Quellen für sachdienliche Informationen, besonders wichtig als Quelle solcher Informationen ist jedoch die Verrechnungspreisdokumentation.

12. Es gibt eine Vielzahl von Instrumenten und Informationsquellen, die zur Identifizierung und Bewertung der Risiken der Verrechnungspreisgestaltung von Steuerpflichtigen und Geschäftsvorfällen herangezogen werden, darunter Verrechnungspreisformblätter (die zusammen mit der jährlichen Steuererklärung ausgefüllt werden müssen), verpflichtend auszufüllende Fragebogen zu den Verrechnungspreisen, die auf bestimmte Risikobereiche abstellen, allgemeine Vorschriften für die Verrechnungspreisdokumentation, in denen die notwendigen Unterlagen für den Nachweis der Einhaltung des Fremdvergleichsgrundsatzes durch den Steuerpflichtigen genannt sind, sowie kooperative Gespräche zwischen Steuerverwaltungen und Steuerpflichtigen. Alle diese Instrumente und Informationsquellen antworten auf dieselbe grundlegende Feststellung: Für die Steuerverwaltungen ist es notwendig, frühzeitig und problemlos auf sachdienliche Informationen zugreifen zu können, um eine sachgerechte und fundierte Risikoabschätzung der Verrechnungspreisgestaltung vornehmen zu können. Die Gewährleistung, dass eine Risikoabschätzung der Verrechnungspreisgestaltung, die hohen qualitativen Anforderungen genügt, effizient und anhand der richtigen Arten verlässlicher Informationen durchgeführt werden kann, sollte ein wichtiger Gesichtspunkt bei der Gestaltung von Regeln für die Verrechnungspreisdokumentation sein.

B.3 *Verrechnungspreisprüfung*

13. Ein drittes Ziel der Verrechnungspreisdokumentation ist es, den Steuerverwaltungen nützliche Informationen an die Hand zu geben, die sie zur Durchführung einer gründlichen Verrechnungspreisprüfung einsetzen können. Verrechnungspreisprüfungen sind in der Regel faktenintensiv. Sie beinhalten häufig schwierige Beurteilungen der Vergleichbarkeit verschiedener Geschäftsvorfälle und Märkte. Sie können eine genaue Betrachtung finanzieller, sachverhaltsbezogener oder sonstiger branchenspezifischer Informationen erfordern. Die Verfügbarkeit ausreichender Informationen aus einer Vielzahl von Quellen während der Prüfung ist von entscheidender Bedeutung, um einer Steuerverwaltung die Durchführung einer ordnungsgemäßen Prüfung der konzerninternen Geschäftsvorfälle des Steuerpflichtigen mit verbundenen Unternehmen sowie die Durchsetzung der geltenden Verrechnungspreisregeln zu erleichtern.

 © OECD 2015

14. In Situationen, in denen eine angemessene Risikoabschätzung der Verrechnungspreisgestaltung darauf hindeutet, dass in Bezug auf eine oder mehrere Fragen eine sorgfältige Verrechnungspreisprüfung angebracht ist, muss es der Steuerverwaltung eindeutig möglich sein, sich innerhalb einer vertretbaren Frist alle sachdienlichen Unterlagen und Informationen zu beschaffen, die sich im Besitz des Steuerpflichtigen befinden. Dazu gehören Informationen in Bezug auf die Tätigkeiten und Funktionen des Steuerpflichtigen, sachdienliche Informationen zu den Tätigkeiten, Funktionen und Finanzergebnissen verbundener Unternehmen, mit denen der Steuerpflichtige konzerninterne Geschäftsvorfälle getätigt hat, Informationen in Bezug auf potenzielle Vergleichswerte, einschließlich interner Vergleichswerte, sowie Unterlagen zur Durchführung und zu den finanziellen Ergebnissen von potenziell vergleichbaren Fremdgeschäftsvorfällen sowie unverbundenen Dritten. Soweit solche Informationen in der Verrechnungspreisdokumentation enthalten sind, sind besondere Verfahren zur Bereitstellung von Informationen und Unterlagen unter Umständen vermeidbar. Allerdings ist einzuräumen, dass es mit einem unvertretbar hohen Aufwand verbunden und ineffizient wäre, von der Verrechnungspreisdokumentation zu verlangen, dass sie bereits alle Informationen enthält, die für eine umfassende Prüfung möglicherweise erforderlich sein könnten. Folglich wird es zwangsläufig zu Situationen kommen, in denen die Steuerverwaltungen Informationen erhalten möchten, die nicht im Dokumentationspaket enthalten sind. Der Informationszugang einer Steuerverwaltung sollte sich also nicht auf die Dokumentation beschränken, auf die sich die Risikoabschätzung der Verrechnungspreisgestaltung stützte, noch durch diese Dokumentation beschränkt werden. Wenn ein Staat verlangt, dass bestimmte Informationen für Zwecke der Verrechnungspreisprüfung aufbewahrt werden, sollte bei der Formulierung dieser Anforderung ein Ausgleich gefunden werden zwischen dem Informationsbedarf der Steuerverwaltung und dem Befolgungsaufwand des Steuerpflichtigen.

15. Es kann häufig der Fall sein, dass sich die Unterlagen und sonstigen Informationen, die für eine Verrechnungspreisprüfung erforderlich sind, im Besitz von anderen Mitgliedern des multinationalen Konzerns befinden als dem geprüften inländischen Konzernunternehmen. Oft befinden sich die notwendigen Unterlagen außerhalb des Landes, dessen Steuerverwaltung die Prüfung durchführt. Es ist daher wichtig, dass die Steuerverwaltung in der Lage ist, sich direkt oder durch Informationsaustausch, z.B. im Rahmen von Informationsaustauschmechanismen, Informationen zu beschaffen, die sich außerhalb der Landesgrenzen befinden.

C. Ein dreistufiger Ansatz für die Verrechnungspreis-dokumentation

16. Um die in Abschnitt B beschriebenen Ziele zu erreichen, sollten die Länder einen standardisierten Ansatz für die Verrechnungspreisdokumentation einführen. In diesem Abschnitt ist eine dreistufige Berichtsstruktur beschrieben, die sich zusammensetzt aus: *i)* einer Stammdokumentation („Master File"), die standardisierte Informationen enthält, die für alle Unternehmen des multinationalen Konzerns relevant sind, *ii)* einer landesspezifischen Dokumentation („Local File"), die sich speziell auf wesentliche Geschäftsvorfälle des inländischen Steuerpflichtigen bezieht, und *iii)* einem Country-by-Country Report, der bestimmte Informationen hinsichtlich der globalen Aufteilung der Erträge des multinationalen Konzerns und der von ihm bezahlten Steuern sowie bestimmte Indikatoren für die Orte, an denen die Wirtschaftstätigkeit innerhalb des multinationalen Konzerns stattfindet, enthält.

17. Dieser Ansatz für die Verrechnungspreisdokumentation wird den Steuerverwaltungen sachdienliche und verlässliche Informationen zur Durchführung einer effizienten und belastbaren Verrechnungspreisrisikoanalyse liefern. Zudem sorgt er für eine Plattform, auf der die notwendigen Informationen für eine Prüfung entwickelt werden können, und gibt den Steuerpflichtigen eine Möglichkeit und einen Anreiz, aussagekräftig zu untersuchen und zu beschreiben, wie sie den Fremdvergleichsgrundsatz bei wesentlichen Geschäftsvorfällen erfüllen.

C.1 Stammdokumentation („Master File")

18. Die Stammdokumentation („Master File") soll einen Überblick über die Geschäftstätigkeit des multinationalen Konzerns geben, einschließlich der Art seiner globalen Geschäfte, seiner Verrechnungspreispolitik insgesamt sowie der globalen Verteilung seiner Erträge und seiner Wirtschaftstätigkeit, um den Steuerverwaltungen bei der Evaluierung des Vorliegens eines bedeutenden Risikos aus der Verrechnungspreisgestaltung zu helfen. Die Stammdokumentation soll in der Regel einen allgemeinen („high-level") Überblick geben, der es gestattet, die Verrechnungspreispraxis des multinationalen Konzerns in ihren wirtschaftlichen, rechtlichen, finanziellen und steuerlichen Gesamtkontext zu stellen. Sie soll keine ausführlichen Auflistungen sämtlicher Einzelheiten erfordern (z.B. aller Patente, die sich im Besitz von Unternehmen des multinationalen Konzerns befinden), da dies mit unnötigem Aufwand verbunden wäre und zudem nicht den Zielen der Stammdokumentation entspräche. Bei

der Erstellung der Stammdokumentation, einschließlich Listen wichtiger Vereinbarungen, immaterieller Werte und Geschäftsvorfälle, sollten sich die Steuerpflichtigen bei der Entscheidung über den angemessenen Grad der Detailliertheit der gelieferten Informationen von den Prinzipien einer vernünftigen kaufmännischen Beurteilung leiten lassen und daran denken, dass der Zweck der Stammdokumentation darin besteht, den Steuerverwaltungen einen allgemeinen Überblick über die weltweite Geschäftstätigkeit und -politik des multinationalen Konzerns zu geben. Wenn die Anforderungen der Stammdokumentation vollumfänglich durch spezifische Querverweise auf bereits existierende Unterlagen erfüllt werden können, sind solche Querverweise – ergänzt durch Kopien der einschlägigen Unterlagen – ausreichend zur Erfüllung der betreffenden Anforderungen. Für die Erstellung der Stammdokumentation sollten Information dann als wichtig betrachtet werden, wenn ihre Nichterwähnung die Zuverlässigkeit der Verrechnungspreisergebnisse beeinträchtigen würde.

19. Die in der Stammdokumentation geforderten Informationen liefern eine „Blaupause" des multinationalen Konzerns und enthalten sachdienliche Elemente, die in fünf Kategorien eingeteilt werden können: *a)* Organisationsaufbau des multinationalen Konzerns; *b)* Beschreibung der Geschäftstätigkeit bzw. der Geschäftstätigkeiten des multinationalen Konzerns; *c)* immaterielle Werte des multinationalen Konzerns; *d)* konzerninterne Finanztätigkeiten; *e)* Finanzlage und Steuerpositionen des multinationalen Konzerns.

20. Die Steuerpflichtigen sollten die in der Stammdokumentation enthaltenen Informationen für den multinationalen Konzern als Ganzes präsentieren. Eine Organisation der Informationen nach Geschäftsbereichen ist indessen zulässig, wenn sie stichhaltig durch die konkreten Sachverhalte gerechtfertigt werden kann, z.B. weil der multinationale Konzern so aufgebaut ist, dass manche größere Geschäftsbereiche weitgehend unabhängig sind, oder weil manche Geschäftsbereiche erst vor kurzem erworben wurden. Im Fall einer Präsentation nach Geschäftsbereichen ist darauf zu achten, dass die zentralisierten Konzernfunktionen und die Geschäftsvorfälle zwischen verschiedenen Geschäftsbereichen in der Stammdokumentation richtig beschrieben sind. Auch im Fall einer Präsentation nach Geschäftsbereichen soll in jedem Staat die gesamte Stammdokumentation mit allen Geschäftsbereichen zur Verfügung stehen, damit gewährleistet ist, dass sich jeder Staat einen angemessenen Überblick über die globale Geschäftstätigkeit des multinationalen Konzerns verschaffen kann.

21. In Anhang I zu Kapitel V dieser Leitlinien werden die Informationen genannt, die in der Stammdokumentation enthalten sein sollen.

C.2 Landesspezifische Dokumentation („Local File")

22. Im Gegensatz zur Stammdokumentation, die wie unter Ziffer 18 beschrieben einen allgemeinen Überblick bietet, enthält die landesspezifische Dokumentation detailliertere Informationen zu spezifischen konzerninternen Geschäftsvorfällen. Die in der landesspezifischen Dokumentation zu liefernden Informationen ergänzen die Stammdokumentation und helfen bei der Erfüllung des Ziels sicherzustellen, dass der Steuerpflichtige bei seinen wesentlichen Verrechnungspreispositionen, die einen bestimmten Staat betreffen, dem Fremdvergleichsgrundsatz entsprochen hat. In der landesspezifischen Dokumentation geht es um sachdienliche Informationen für die Verrechnungspreisanalyse im Zusammenhang mit Geschäftsvorfällen zwischen einem inländischen Konzernunternehmen und verbundenen Unternehmen in anderen Staaten, die im Kontext des inländischen Steuersystems wesentlich sind. Solche Informationen umfassen sachdienliche finanzielle Informationen in Bezug auf diese spezifischen Geschäftsvorfälle, eine Vergleichbarkeitsanalyse sowie die Auswahl und Anwendung der geeignetsten Verrechnungspreismethode. Wenn eine Anforderung der landesspezifischen Dokumentation vollumfänglich durch einen spezifischen Querverweis auf in der Stammdokumentation enthaltene Informationen erfüllt werden kann, reicht ein solcher Querverweis aus.

23. In Anhang II zu Kapitel V dieser Leitlinien werden die Informationen genannt, die in der landesspezifischen Dokumentation enthalten sein sollen.

C.3 Länderbezogene Berichterstattung („Country-by-Country Report")

24. Für die länderbezogene Berichterstattung („Country-by-Country Report") sind aggregierte Informationen für alle betroffenen Steuerhoheitsgebiete bezüglich der globalen Aufteilung der Erträge und der gezahlten Steuern sowie bestimmte Indikatoren für die geografische Verteilung der Wirtschaftstätigkeit auf die verschiedenen Steuerhoheitsgebiete, in denen der multinationale Konzern tätig ist, erforderlich. Der Country-by-Country Report erfordert zudem eine Auflistung aller Konzerneinheiten, für die finanzielle Informationen geliefert werden, mit Nennung des Gründungsstaats, wenn dieser vom Ansässigkeitsstaat abweicht, sowie der wichtigsten Geschäftstätigkeiten, denen die jeweiligen Konzerneinheiten nachgehen.

25. Der Country-by-Country Report wird hilfreich sein für die Zwecke einer allgemeinen („high-level") Risikoabschätzung der Verrechnungspreisgestaltung. Zudem kann er von den Steuerverwaltungen für die Beurteilung anderer Gewinnverkürzungs- und -verlagerungsrisiken sowie gegebenenfalls für wirtschaftliche und statistische Analysen verwendet werden. Allerdings sollten die Informationen im Country-by-Country Report nicht als Ersatz für eine detaillierte Verrechnungspreisanalyse einzelner Geschäftsvorfälle und Preise auf der Grundlage einer vollständigen Funktions- und Vergleichbarkeitsanalyse verwendet werden. Die im Country-by-Country Report enthaltenen Informationen stellen für sich genommen keinen überzeugenden Nachweis dafür dar, dass Verrechnungspreise angemessen bzw. nicht angemessen sind. Sie sollen von den Steuerverwaltungen nicht genutzt werden, um Verrechnungspreisanpassungen auf der Grundlage einer globalen formelhaften Gewinnaufteilung vorzuschlagen.

26. Anhang III zu Kapitel V dieser Leitlinien enthält ein Musterformular für den Country-by-Country Report mit begleitenden Anleitungen.

D. Fragen der Befolgung und Mitwirkung (Compliance)

D.1 Zeitnahe Dokumentation

27. Jeder Steuerpflichtige sollte sich bemühen, die Verrechnungspreise für steuerliche Zwecke in Übereinstimmung mit dem Fremdvergleichsgrundsatz auf Grund der Informationen festzusetzen, die im Zeitpunkt des Geschäftsvorfalls vernünftigerweise verfügbar sind. Der Steuerpflichtige sollte daher im Allgemeinen vor der Preisfestsetzung überlegen, ob seine Verrechnungspreisgestaltung den steuerlichen Erfordernissen genügt, und die Fremdvergleichskonformität seiner Finanzergebnisse zum Zeitpunkt der Abgabe der Steuererklärung bestätigen.

28. Den Steuerpflichtigen sollen bei der Erstellung der Dokumentation keine unverhältnismäßig hohen Kosten und Lasten zugemutet werden. Daher sollen die Steuerverwaltungen ihre Dokumentationsanforderungen gegen den Kosten- und Verwaltungsaufwand abwägen, der dem Steuerpflichtigen durch die Erstellung der betreffenden Dokumentation voraussichtlich entsteht. Wenn ein Steuerpflichtiger unter Berücksichtigung der Prinzipien dieser Leitlinien in vertretbarer Weise nachweist, dass Vergleichsdaten entweder nicht existieren oder dass die Kosten ihrer Beschaffung gemessen an den fraglichen Beträgen unverhältnismäßig hoch sind, sollen dem Steuerpflichtigen die Kosten der Beschaffung dieser Daten nicht zugemutet werden.

D.2 Zeitrahmen

29. Die Praktiken in Bezug auf den Zeitrahmen für die Erstellung der Dokumentation unterscheiden sich zwischen den Staaten. Manche Staaten verlangen, dass die Informationen zum Zeitpunkt der Abgabe der Steuererklärung fertiggestellt sind. Andere verlangen, dass die Dokumentation vorliegen muss, wenn die Prüfung beginnt. Unterschiede bestehen auch in Bezug darauf, wieviel Zeit den Steuerpflichtigen eingeräumt wird, um auf spezifische Dokumentationsanfragen oder sonstige prüfungsbezogene Auskunftsersuchen zu antworten. Diese Unterschiede bei den Fristen für die Bereitstellung der Informationen können es für die Steuerpflichtigen schwierig machen, Prioritäten zu setzen und den Steuerverwaltungen die richtigen Informationen zur richtigen Zeit zu liefern.

30. Die beste Praxis besteht darin zu fordern, dass die landesspezifische Dokumentation spätestens zum vorgeschriebenen Termin für die Einreichung der Steuererklärung für das fragliche Steuerjahr fertiggestellt ist. Die Stammdokumentation sollte bis zu dem Termin, zu dem die oberste Muttergesellschaft des multinationalen Konzerns ihre Steuererklärung einreichen muss, überprüft und nötigenfalls aktualisiert werden. In Staaten, in denen es üblich ist, Geschäftsvorfälle im Rahmen von Programmen der kooperativen Befolgung („Co-operative Compliance“) bei ihrer Durchführung zu prüfen, kann es notwendig sein, bestimmte Informationen schon vor Abgabe der Steuererklärung einzureichen.

31. In Bezug auf die länderbezogene Berichterstattung wird anerkannt, dass der gesetzlich vorgeschriebene Jahresabschluss und sonstige Finanzinformationen, die für die in Anhang III beschriebenen Country-by-Country-Angaben relevant sein könnten, in manchen Ländern möglicherweise noch nicht zu dem vorgeschriebenen Termin für die Abgabe der Steuererklärung für das betreffende Steuerjahr vorliegen. Unter diesen Umständen kann die Frist für die Fertigstellung des in Anhang III zu Kapitel V dieser Leitlinien beschriebenen Country-by-Country Reports um ein Jahr ab dem letzten Tag des Steuerjahrs der obersten Muttergesellschaft des multinationalen Konzerns verlängert werden.

D.3 Wesentlichkeit

32. Nicht alle Geschäftsvorfälle zwischen verbundenen Unternehmen sind so wesentlich, als dass sie in vollem Umfang in der landesspezifischen Dokumentation zu dokumentieren sind. Die Steuerverwaltungen haben ein Interesse daran, die wichtigsten Informationen zu erhalten, womit es zugleich in ihrem Interesse steht, dass die multinationalen Konzerne

 © OECD 2015

durch die Befolgung der geltenden Vorschriften nicht derart überfordert werden, dass sie es versäumen, gerade die wichtigsten Punkte zu berücksichtigen und zu dokumentieren. Daher sollten die auf Anhang II zu Kapitel V dieser Leitlinien basierenden Anforderungen der einzelnen Staaten in Bezug auf die Verrechnungspreisdokumentation spezifische Wesentlichkeitsgrenzen enthalten, die den Umfang und die Beschaffenheit der inländischen Wirtschaft, die Bedeutung des multinationalen Konzerns in dieser inländischen Wirtschaft, den Umfang und die Beschaffenheit seiner inländischen operativen Geschäftseinheiten sowie den Gesamtumfang und die Beschaffenheit des multinationalen Konzerns berücksichtigen. Wesentlichkeitsgrenzen können relativ ausgedrückt werden (z.B. wenn Geschäftsvorfälle als unwesentlich gelten, die einen bestimmten Prozentsatz der Einkünfte oder der Kosten nicht übersteigen) oder absolut (z.B. wenn Geschäftsvorfälle als unwesentlich gelten, die einen bestimmten Betrag nicht übersteigen). Die einzelnen Staaten sollten für die Zwecke der landesspezifischen Dokumentation eigene Wesentlichkeitsstandards auf der Grundlage ihrer konkreten Gegebenheiten festlegen. Bei den Wesentlichkeitsstandards sollte es sich um objektive Regeln handeln, die allgemein verstanden und in der kaufmännischen Praxis anerkannt werden. Vgl. Ziffer 18 wegen der Wesentlichkeitsstandards bei der Erstellung der Stammdokumentation.

33. Verschiedene Staaten haben in ihre Regeln für die Verrechnungspreisdokumentation Vereinfachungsmaßnahmen aufgenommen, durch die kleine und mittlere Unternehmen (KMU) von den Dokumentationsanforderungen freigestellt werden oder die den Umfang der von KMU bereitzustellenden Informationen begrenzen. Um den Steuerpflichtigen keine unverhältnismäßigen Kosten und Lasten aufzubürden, wird empfohlen, von KMU nicht zu verlangen, Dokumentation in einem Umfang bereitzustellen, wie er von größeren Unternehmen erwartet werden kann. Allerdings sollten KMU verpflichtet werden, auf konkretes Ersuchen der Steuerverwaltung im Verlauf einer Betriebsprüfung oder für Zwecke der Abschätzung des Verrechnungspreisrisikos Informationen und Unterlagen zu ihren wesentlichen grenzüberschreitenden Geschäftsvorfällen bereitzustellen.

34. Für die Zwecke von Anhang III zu Kapitel V dieser Leitlinien sollte sich die länderbezogene Berichterstattung auf alle Steuerhoheitsgebiete erstrecken, in denen der multinationale Konzern über steuerlich ansässige Geschäftseinheiten verfügt, unabhängig vom Umfang der Geschäftstätigkeit im betreffenden Staat.

D.4 *Aufbewahrung von Unterlagen*

35. Die Steuerpflichtigen sollten nicht verpflichtet werden, Unterlagen über einen in Übereinstimmung mit den Anforderungen der innerstaatlichen Rechtsvorschriften auf Ebene der Muttergesellschaft oder der inländischen Geschäftseinheit als vertretbar zu betrachtenden Zeitraum hinaus aufzubewahren. Allerdings können für das Dokumentationspaket (Stammdokumentation, landesspezifische Dokumentation und Country-by-Country Report) erforderliche Unterlagen und Informationen manchmal für die Überprüfung der Verrechnungspreise in einem noch nicht verjährten Folgejahr von Bedeutung sein, wenn beispielsweise Steuerpflichtige solche Unterlagen freiwillig aufbewahren, weil sie im Zusammenhang mit langfristigen Verträgen stehen oder um zu prüfen, ob die Vergleichbarkeitskriterien für die Anwendung einer Verrechnungspreismethode im Folgejahr noch erfüllt sind. Die Steuerverwaltungen sollten die Schwierigkeiten bei der Beschaffung von Unterlagen für Vorjahre beachten und derartige Anforderungen auf Fälle beschränken, in denen sie im Zusammenhang mit dem geprüften Geschäftsvorfall gute Gründe haben, die betreffenden Unterlagen zu überprüfen.

36. Da das eigentliche Anliegen der Steuerverwaltung befriedigt ist, wenn die in einem Betriebsprüfungsverfahren angeforderten notwendigen Unterlagen zeitgerecht vorgelegt werden, sollte dem Steuerpflichtigen überlassen werden, in welcher Form – in Papierform, elektronischer Form oder mit einem anderen System – er die Unterlagen aufbewahrt, vorausgesetzt die fraglichen Informationen können der Steuerverwaltung rasch in der nach den Regeln und Verfahren des betreffenden Staates vorgeschriebenen Form zur Verfügung gestellt werden.

D.5 *Häufigkeit der Aktualisierung der Dokumentation*

37. Es wird empfohlen, die Verrechnungspreisdokumentation regelmäßig zu überprüfen, um zu bestimmen, ob die Funktionsanalyse und die wirtschaftliche Analyse immer noch präzise und sachgerecht sind und um die Gültigkeit der angewandten Verrechnungspreismethode zu bestätigen. Die Stammdokumentation, die landesspezifische Dokumentation und der Country-by-Country Report sollten im Allgemeinen jährlich überprüft und aktualisiert werden. Allerdings wird anerkannt, dass sich die Beschreibungen der Geschäftstätigkeit, die Funktionsanalysen und die Beschreibungen der Vergleichswerte in vielen Situationen von einem Jahr zum nächsten möglicherweise nicht wesentlich ändern.

38. Um den Befolgungsaufwand der Steuerpflichtigen zu verringern, können die Steuerverwaltungen festlegen, dass die Suche nach Vergleichswerten in Datenbanken zur Untermauerung von Teilen der landesspezifischen Dokumentation alle drei Jahre anstatt jährlich wiederholt werden muss, sofern sich die Geschäftsbedingungen nicht geändert haben. Die finanziellen Daten zu den Vergleichswerten sollten aber trotzdem jedes Jahr aktualisiert werden, damit der Fremdvergleichsgrundsatz zuverlässig angewandt werden kann.

D.6 *Sprache*

39. Die Notwendigkeit, die Dokumentation in der Landessprache vorzulegen, kann bei der Befolgung der Verrechnungspreisvorschriften insofern eine zusätzliche Erschwernis darstellen, als die Übersetzung der Unterlagen mit erheblichem Zeit- und Kostenaufwand verbunden sein kann. In welcher Sprache die Verrechnungspreisdokumentation zu unterbreiten ist, sollte nach den inländischen Rechtsvorschriften festgelegt werden. Den Staaten wird nahegelegt, die Einreichung von Verrechnungspreisunterlagen in weit verbreiteten Sprachen zuzulassen, sofern dies den Nutzen der Unterlagen nicht beeinträchtigt. Wo die Steuerverwaltungen der Ansicht sind, dass eine Übersetzung der Unterlagen erforderlich ist, sollten sie eine solche Übersetzung speziell anfordern und für ihre Bereitstellung ausreichend Zeit einräumen, damit sie eine möglichst geringe Belastung darstellt.

D.7 *Strafen*

40. Viele Staaten haben Strafen für den Fall der Nichterfüllung der Vorschriften für die Verrechnungspreisdokumentation eingeführt, um die Wirksamkeit dieser Dokumentationsanforderungen zu sichern. Mit diesen Strafen soll erreicht werden, dass die Nichtbefolgung der Vorschriften kostspieliger ist als ihre Befolgung. Strafregelungen unterliegen den Gesetzen der jeweiligen Staaten. Die Praktiken in Bezug auf die Strafen bei Nichterfüllung der Dokumentationsanforderungen unterscheiden sich deutlich in den verschiedenen Staaten. Die Existenz unterschiedlicher Strafregelungen in den verschiedenen Staaten könnte sich auf die Befolgungsqualität der Steuerpflichtigen auswirken, so dass sich diese veranlasst sehen könnten, in Bezug auf ihre Befolgungspraxis einem Staat den Vorzug vor einem anderen zu geben.

41. Bei den im Fall der Nichterfüllung der Anforderungen für die Verrechnungspreisdokumentation bzw. einer nicht rechtzeitigen Übermittlung der erforderlichen Informationen verhängten Strafen handelt es sich üblicherweise um zivilrechtliche (bzw. verwaltungsrechtliche) Geldbußen.

Diese dokumentationsauflagenbezogenen Strafen beruhen auf einem Festbetrag, der für jede fehlende Unterlage oder für jedes betrachtete Steuerjahr festgelegt werden kann, oder errechnen sich als Prozentsatz des letztlich festgestellten Betrags der Steuerverkürzung, als Prozentsatz der entsprechenden Gewinnberichtigung oder als Prozentsatz des Betrags der nicht dokumentierten grenzüberschreitenden Geschäftsvorfälle.

42. Es sollte darauf geachtet werden, dass gegen einen Steuerpflichtigen keine dokumentationsauflagenbezogene Strafen für die Nichteinreichung von Daten verhängt werden, zu denen der multinationale Konzern keinen Zugang hatte. Allerdings bedeutet die Entscheidung, keine Strafe wegen Nichterfüllung von Dokumentationsanforderungen zu verhängen, nicht, dass keine Gewinnberichtigungen vorgenommen werden können, wenn die Preise nicht mit dem Fremdvergleichsgrundsatz übereinstimmen. Die Tatsache, dass die Annahmen eines Steuerpflichtigen in vollem Umfang dokumentiert sind, bedeutet nicht zwangsläufig, dass diese Annahmen auch korrekt sind. Des Weiteren ist eine Erklärung einer inländischen Geschäftseinheit, wonach andere Konzernunternehmen für die Befolgung der Verrechnungspreisregeln zuständig seien, weder ein ausreichender Grund dafür, dass diese Geschäftseinheit nicht die erforderlichen Unterlagen bereitstellt, noch sollte eine solche Erklärung verhindern, dass dokumentationsauflagenbezogene Strafen verhängt werden, wenn die notwendigen Informationen nicht geliefert werden.

43. Eine andere Möglichkeit, um die Steuerpflichtigen zur Erfüllung ihrer Dokumentationspflichten anzuspornen, ist die Entwicklung von Befolgungsanreizen, wie z.B. Strafbefreiung oder Beweislastumkehr. Wenn die Dokumentation den Anforderungen entspricht und rechtzeitig eingereicht wird, könnte der Steuerpflichtige von Steuerstrafen befreit oder in den Genuss eines niedrigeren Strafsatzes kommen, falls trotz der Bereitstellung von Dokumentation eine Verrechnungspreisanpassung vorgenommen und aufrechterhalten wird. In manchen Staaten, in denen die Beweislast in Verrechnungspreisfragen beim Steuerpflichtigen liegt, wäre eine Umkehrung der Beweislast hin zur Steuerverwaltung, wenn rechtzeitig eine ausreichende Dokumentation vorgelegt wurde, eine andere Maßnahme, mit der ein Anreiz zur Erfüllung der Anforderungen an die Verrechnungspreisdokumentation geschaffen werden könnte.

D.8 *Vertraulichkeit*

44. Die Steuerverwaltungen sollten alle zumutbaren Schritte ergreifen, um sicherzustellen, dass keine vertraulichen Informationen (Handelsgeheimnisse, wissenschaftliche Geheimnisse usw.) oder sonstige

wirtschaftlich sensible Informationen, die im Dokumentationspaket (Stammdokumentation, landesspezifische Dokumentation und Country-by-Country Report) enthalten sind, an die Öffentlichkeit gelangen. Die Steuerverwaltungen sollten den Steuerpflichtigen zudem garantieren, dass die in ihrer Verrechnungspreisdokumentation enthaltenen Informationen vertraulich bleiben. Falls eine Offenlegung in Gerichtsverfahren oder für Gerichtsentscheidungen notwendig ist, sollte alles getan werden, um sicherzustellen, dass die Vertraulichkeit gewahrt bleibt und dass die Informationen nur im erforderlichen Umfang offengelegt werden.

45. Das OECD-Handbuch *Keeping it Safe* über den Schutz der Vertraulichkeit von Informationen, die für Steuerzwecke ausgetauscht werden, enthält Anleitungen zu den Regeln und Verfahren, die eingerichtet werden müssen, um die Vertraulichkeit von Steuerinformationen zu gewährleisten, die im Rahmen von Instrumenten für den Informationsaustausch übermittelt werden.

D.9 Sonstige Fragen

46. Das Erfordernis, die verlässlichsten Informationen zu verwenden, dürfte normalerweise – wenn auch nicht immer – bedeuten, dass inländische Vergleichswerte regionalen Vergleichswerten vorzuziehen sind, sofern inländische Vergleichswerte in zumutbarer Weise beschafft werden können. Die Verwendung regionaler Vergleichswerte in einer für Staaten der gleichen Region erstellten Verrechnungspreisdokumentation wird sich in Situationen, in denen inländische Vergleichswerte vorliegen, manchmal nicht mit dem Erfordernis vereinbaren lassen, die verlässlichsten Informationen zu verwenden. Auch wenn die Vorteile einer Vereinfachung durch Begrenzung der Zahl der Suchen nach Vergleichswerten, die ein Unternehmen durchführen muss, nicht von der Hand zu weisen sind und Aspekte wie Wesentlichkeit und Befolgungskosten wichtige Faktoren sind, die es zu berücksichtigen gilt, sollte ein Streben nach Vereinfachung der Befolgungsverfahren nicht so weit gehen, dass die Erfüllung des Erfordernisses der Verwendung der verlässlichsten verfügbaren Informationen dadurch beeinträchtigt würde. Vgl. Ziffer 1.57-1.58 zu Marktunterschieden und Mehrländeranalysen wegen weiterer Einzelheiten dazu, wann inländische Vergleichswerte vorzuziehen sind.

47. Es wird nicht empfohlen – vor allem nicht in der Phase der Risikoabschätzung der Verrechnungspreisgestaltung – zu verlangen, dass die Verrechnungspreisdokumentation von einem externen Prüfer oder sonstigen Dritten beglaubigt wird. Desgleichen wird auch die verpflichtende Einschaltung von Beratungsfirmen bei der Erstellung der Verrechnungspreisdokumentation nicht empfohlen.

E. Umsetzung und Überprüfung

Es ist äußerst wichtig, dass die neuen Handreichungen in diesem Kapitel der Leitlinien und insbesondere der neue Country-by-Country Report wirkungsvoll und konsistent umgesetzt werden. Das OECD/G20-Projekt ist der Ansicht, dass die Steuerpflichtigen die landesspezifische Dokumentation direkt den Steuerverwaltungen des jeweiligen Staats vorlegen sollten. Die Ansichten gehen allerdings auseinander in Bezug auf die Einreichung der Stammdokumentation und des Country-by-Country Reports und somit auch hinsichtlich der Mechanismen, über die die Informationen den Steuerverwaltungen in allen betroffenen Staaten zugänglich zu machen sind.

In den kommenden Monaten wird die Arbeitsgruppe 6 des Ausschusses für Steuerfragen eine Analyse möglicher Mechanismen für die Einreichung und Weiterleitung der Stammdokumentation und des Country-by-Country Reports durchführen. Bei der Untersuchung der möglichen Optionen für die Einreichung und Weiterleitung dieser Unterlagen werden folgende Punkte gebührend beachtet werden:

- die Bedeutung des Schutzes der Vertraulichkeit von wirtschaftlich sensiblen Informationen;
- die Bedeutung der Bereitstellung der notwendigen Informationen für alle betroffenen Staaten in einer Weise, die deren zeitgerechte Nutzung in Risikobeurteilungen der Verrechnungspreisgestaltung gestattet und so die Transparenz für die Steuerverwaltungen verbessert;
- die Bedeutung der Sicherung der Bereitstellung konsistenter Finanzinformationen in allen betroffenen Staaten, um die Transparenz des multinationalen Konzerns für die Steuerverwaltungen zu erhöhen;
- die Bedeutung der Wahrung konsistenter Berichtsregeln in den verschiedenen Staaten als Mittel zur Begrenzung der Befolgungskosten der Steuerpflichtigen;
- die Bedeutung der Sicherung eines Einverständnisses aller betroffenen Steuerverwaltungen über die Funktionsweise des multinationalen Konzerns;
- die Bedeutung der Gewährleistung, dass die von den Steuerpflichtigen im Zusammenhang mit Anhang I-III zur Verfügung gestellten Informationen von den Steuerverwaltungen nur zur sachgerechten Durchsetzung der Verrechnungspreisregeln genutzt werde;

 © OECD 2015

- die Bedeutung, die der Entwicklung wirkungsvoller Übergangsregeln im Hinblick auf eine erfolgreiche Umstellung auf die neue Dokumentationsregelung zukommen könnte; und
- die möglichen Beiträge, die *i)* Abkommensbestimmungen für den Informationsaustausch, *ii)* koordinierte Technologieplattformen und *iii)* die Entwicklung eines Musters für nationale Rechtsvorschriften zur Verwirklichung der Ziele einer effektiven Risikoabschätzung der Verrechnungspreisgestaltung in allen betroffenen Staaten leisten könnten.

Da die in diesem Kapitel beschriebenen Mechanismen neu und noch unerprobt sind, ist es nötig, ihre Umsetzung aktiv zu überprüfen. Die Standards für die Verrechnungspreisdokumentation und die länderbezogene Berichterstattung werden von den am BEPS-Projekt teilnehmenden Staaten spätestens Ende 2020 einer erneuten Untersuchung mit dem Ziel unterzogen, die Funktionsweise dieser Standards kontinuierlich zu verbessern. Im Verlauf dieser Überprüfung wird eingehender untersucht werden, ob die Dokumentationsstandards eine ausreichende Grundlage für die Risikoabschätzung der Verrechnungspreisgestaltung bieten. Neben anderen Fragen wird aktiv untersucht werden, ob zusätzliche geschäftsvorfallbezogene Informationen zu Zahlungen von Zinsen, Lizenzgebühren und vor allem Dienstleistungsvergütungen zwischen verbundenen Unternehmen auf Ebene der einzelnen Länder oder der einzelnen Geschäftseinheiten verlangt werden sollten.

Anhang I zu Kapitel V

Verrechnungspreisdokumentation – Stammdokumentation („Master File")

Folgende Informationen sollten in der Stammdokumentation enthalten sein:

Organisationsaufbau

- Grafische Darstellung der Rechts- und Eigentumsstruktur des multinationalen Konzerns sowie der geografischen Verteilung seiner operativen Geschäftseinheiten.

Beschreibung der Geschäftstätigkeit(en) des multinationalen Konzerns

Allgemeine schriftliche Darstellung der Geschäftstätigkeit des multinationalen Konzerns:

- Wichtige Faktoren für den Unternehmensgewinn.
- Beschreibung der Lieferkette für die fünf größten vom Konzern angebotenen Produkte und/oder Dienstleistungen nach Umsatz sowie für alle weiteren Produkte und/oder Dienstleistungen, auf die mehr als 5% des Konzernumsatzes entfallen. Die erforderliche Beschreibung kann in Form einer Grafik oder eines Diagramms erfolgen.
- Auflistung und kurze Beschreibung wichtiger Dienstleistungsvereinbarungen zwischen Unternehmen des multinationalen Konzerns (ohne Forschungs- und Entwicklungsleistungen – FuE), einschließlich einer Beschreibung der Kapazitäten der Hauptstandorte, die wichtige Dienstleistungen erbringen, und der Verrechnungspreispolitik für die Zuordnung der Dienstleistungskosten und die Bestimmung der für konzerninterne Dienstleistungen zu zahlenden Preise.

- ○ Beschreibung der wichtigsten geografischen Märkte für die Produkte und Dienstleistungen des Konzerns, auf die weiter oben unter dem zweiten Aufzählungspunkt Bezug genommen wird.
- ○ Kurze schriftliche Funktionsanalyse, die die Hauptbeiträge beschreibt, die die einzelnen Geschäftseinheiten des Konzerns zu dessen Wertschöpfung leisten, d.h. die ausgeübten Schlüsselfunktionen, wichtigen übernommenen Risiken und wichtigen genutzten Vermögenswerte.
- ○ Beschreibung wichtiger während des Finanzjahres erfolgter Umstrukturierungen der Geschäftstätigkeit, Anschaffungen und Veräußerungen.

Immaterielle Werte des multinationalen Konzerns (wie in Kapitel VI dieser Leitlinien definiert)

- Allgemeine Beschreibung der Gesamtstrategie des multinationalen Konzerns für Entwicklung, Eigentum und Verwertung immaterieller Werte, einschließlich Standorte der wichtigsten FuE-Einrichtungen und Standort des FuE-Managements.
- Auflistung der immateriellen Werte bzw. Gruppen immaterieller Werte des multinationalen Konzerns, die für Verrechnungspreiszwecke von Bedeutung sind, sowie der Konzerneinheiten, die deren rechtliche Eigentümer sind.
- Auflistung wichtiger Vereinbarungen zwischen identifizierten verbundenen Unternehmen in Bezug auf immaterielle Werte, einschließlich Kostenumlagevereinbarungen, wesentliche Forschungsdienstleistungsvereinbarungen und Lizenzvereinbarungen.
- Allgemeine Beschreibung der Verrechnungspreispolitik des Konzerns in Bezug auf FuE und immaterielle Werte.
- Allgemeine Beschreibung aller wichtigen Übertragungen von Rechten an immateriellen Werten zwischen verbundenen Unternehmen während des betreffenden Steuerjahres, einschließlich der entsprechenden Konzerneinheiten, Staaten und Vergütungen.

Konzerninterne Finanztätigkeiten

- Allgemeine Beschreibung der Art und Weise, wie der Konzern finanziert wird, einschließlich wichtiger Vereinbarungen mit konzernfremden Kreditgebern.

- Identifizierung aller Konzernunternehmen, die für den Konzern eine zentrale Finanzierungsfunktion ausüben, einschließlich der Staaten, nach deren Rechtsvorschriften die fraglichen Konzerneinheiten organisiert sind und des Orts der tatsächlichen Geschäftsleitung dieser Konzerneinheiten.
- Allgemeine Beschreibung der Verrechnungspreispolitik des multinationalen Konzerns in Bezug auf Finanzierungsvereinbarungen zwischen verbundenen Unternehmen.

Finanzlage und Steuerpositionen des multinationalen Konzerns

- Der konsolidierte Jahresabschluss des multinationalen Konzerns für das betreffende Steuerjahr, falls ein solcher Konzernabschluss anderweitig für Rechnungslegungs-, Aufsichts-, Management-, Steuer- oder sonstige Zwecke erstellt wird.
- Auflistung und kurze Beschreibung der bestehenden unilateralen Vorabverständigungen über die Verrechnungspreisgestaltung (Advance Pricing Arrangements – APA) des Konzerns sowie anderer Vorabzusagen („Tax Rulings“) im Zusammenhang mit der Aufteilung der Erträge zwischen den Staaten.

Anhang II zu Kapitel V

Verrechnungspreisdokumentation – Landesspezifische Dokumentation („Local File“)

Folgende Informationen sollten in der landesspezifischen Dokumentation enthalten sein:

Inländische Geschäftseinheit

- Beschreibung der Managementstruktur der inländischen Geschäftseinheit, Organigramm der inländischen Geschäftseinheit und Beschreibung der Personen, an die die inländische Geschäftsleitung berichtet, sowie der Staaten, in denen diese Personen ihren Hauptsitz haben.
- Detaillierte Beschreibung der Geschäftstätigkeit und der Geschäftsstrategie der inländischen Geschäftseinheit, einschließlich Hinweis darauf, ob die inländische Geschäftseinheit an Umstrukturierungen der Geschäftstätigkeit oder Übertragungen immaterieller Werte, die im laufenden oder im vorangegangen Jahr erfolgt sind, beteiligt oder von ihnen betroffen war, sowie eine Erläuterung derjenigen Aspekte dieser Geschäftsvorfälle, die sich auf die inländische Geschäftseinheit auswirken.
- Wichtigste Wettbewerber.

Konzerninterne Geschäftsvorfälle

Für jede wesentliche Art von konzerninternen Geschäftsvorfällen, an denen die Geschäftseinheit beteiligt ist, Bereitstellung der folgenden Informationen:

- Beschreibung der wesentlichen konzerninternen Geschäftsvorfälle (z.B. Beschaffung von Herstellungsleistungen, Einkauf von Waren, Dienstleistungserbringung, Darlehen, Finanz- und Erfüllungsgarantien, Lizenzen für immaterielle Werte usw.) sowie des Kontextes, in dem diese Geschäftsvorfälle stattfinden.

- Betrag der geleisteten und empfangenen konzerninternen Zahlungen für jede Art konzerninterner Geschäftsvorfälle, an denen die inländische Geschäftseinheit beteiligt ist (d.h. geleistete und empfangene Zahlungen für Produkte, Dienstleistungen, Lizenzgebühren, Zinsen usw.), aufgeschlüsselt nach Staat des ausländischen Zahlungsleistenden oder Zahlungsempfängers).
- Identifizierung der verbundenen Unternehmen, die an den einzelnen Arten konzerninterner Geschäftsvorfälle beteiligt sind, und der Beziehungen zwischen ihnen.
- Kopien aller wesentlichen konzerninternen Vereinbarungen, die die inländische Geschäftseinheit abgeschlossen hat.
- Detaillierte Vergleichbarkeits- und Funktionsanalyse des Steuerpflichtigen und relevanter verbundener Unternehmen in Bezug auf alle dokumentierten Arten von konzerninternen Geschäftsvorfällen, einschließlich aller Veränderungen im Vergleich zu den Vorjahren[1].
- Hinweis auf die geeignetste Verrechnungspreismethode in Bezug auf die jeweils betrachtete Art des konzerninternen Geschäftsvorfalls und die Gründe für die Auswahl dieser Methode.
- Hinweis auf das verbundene Unternehmen, das gegebenenfalls als untersuchtes Unternehmen gewählt wird, sowie Erläuterung der Gründe für dessen Auswahl.
- Zusammenfassung der wichtigen Annahmen, die bei der Anwendung der Verrechnungspreismethode zu Grunde gelegt wurden.
- Gegebenenfalls Erläuterung der Gründe für die Durchführung einer Mehrjahresanalyse.
- Auflistung und Beschreibung gegebenenfalls ausgewählter (interner oder externer) vergleichbarer Fremdgeschäftsvorfälle und Angaben zu relevanten Finanzindikatoren für unabhängige Unternehmen, auf die sich die Verrechnungspreisanalyse stützt, einschließlich einer Beschreibung der angewandten Methode für die Vergleichswertsuche sowie der Herkunft dieser Informationen.

1. Soweit sich diese Funktionsanalyse mit Informationen in der Stammdokumentation deckt, reicht ein Querverweis auf die Stammdokumentation.

- Beschreibung aller zur Herstellung der Vergleichbarkeit vorgenommenen Anpassungen und Hinweis darauf, ob diese Anpassungen an den Ergebnissen des untersuchten Unternehmens, den Fremdvergleichsgeschäftsvorfällen oder an beidem vorgenommen wurden.
- Beschreibung der Gründe für die Schlussfolgerung, dass die relevanten Geschäftsvorfälle unter Anwendung der ausgewählten Verrechnungspreismethode fremdvergleichskonform vergütet wurden.
- Zusammenfassung der Finanzinformationen, die bei der Anwendung der Verrechnungspreismethode verwendet wurden.
- Kopie bestehender unilateraler und bilateraler/multilateraler APA sowie sonstiger Vorabzusagen („Tax Rulings"), an denen die inländische Steuerverwaltung nicht beteiligt ist und die mit weiter oben beschriebenen konzerninternen Geschäftsvorfällen in Zusammenhang stehen.

Finanzinformationen

- Jährliche Rechnungslegung der inländischen Geschäftseinheit für das betreffende Steuerjahr. Falls ein geprüfter Jahresabschluss vorliegt, sollte dieser vorgelegt werden, andernfalls sollte ein existierender ungeprüfter Jahresabschluss vorgelegt werden.
- Informationen und Aufteilungsschlüssel, aus denen hervorgeht, wie die bei der Anwendung der Verrechnungspreismethode verwendeten Finanzdaten mit dem Jahresabschluss verknüpft werden können.
- Übersichtstabellen über die einschlägigen Finanzdaten der in der Analyse verwendeten Vergleichsgrößen und die Quellen, denen diese Daten entnommen wurden.

Anhang III zu Kapitel V

Musterformular für den Country-by-Country Report

Tabelle 1 **Übersicht über die Aufteilung der Erträge, Steuern und Geschäftstätigkeiten, nach Steuerhoheitsgebieten**

Name des multinationalen Konzerns: Betrachtetes Steuerjahr:										
Steuer-hoheits-gebiet	Einkünfte			Vorsteuer-gewinn (-verlust)	Gezahlte Ertragsteuer (auf Kassen-basis)	Noch zu zahlende Ertragsteuer (laufendes Jahr)	Ausge-wiesenes Kapital	Einbe-haltener Gewinn	Beschäf-tigten-zahl	Materielle Vermögens-werte (ohne flüssige Mittel)
	Fremde Unter-nehmen	Nahe-stehende Unter-nehmen	Insgesamt							

Tabelle 2 **Auflistung aller Geschäftseinheiten des multinationalen Konzerns, die in den verschiedenen Gesamtangaben erfasst sind, nach Steuerhoheitsgebieten**

Name des multinationalen Konzerns: Betrachtetes Steuerjahr:															
Steuerhoheitsgebiet	Im Steuerhoheitsgebiet ansässige Konzerneinheiten	Gründungsstaat oder Staat der Handelsregistereintragung, falls abweichend vom Ansässigkeitsstaat	Wichtigste Geschäftstätigkeit(en)												
			Forschung und Entwicklung	Besitz oder Verwaltung von geistigem Eigentum	Einkauf oder Beschaffung	Verarbeitung oder Produktion	Verkauf, Marketing oder Vertrieb	Verwaltungs-, Management- oder Supportleistungen	Erbringung von Dienstleistungen für fremde Dritte	Konzerninterne Finanzierung	Regulierte Finanzdienstleistungen	Versicherung	Besitz von Aktien oder anderen Wertpapieren mit Beteiligungscharakter	Ruhende Tätigkeit	Sonstige[2]
	1.														
	2.														
	3.														
	1.														
	2.														
	3.														

2. Bitte Art der Tätigkeit der Konzerneinheit im Abschnitt „Zusätzliche Informationen“ angeben.

Tabelle 3 **Zusätzliche Informationen**

Name des multinationalen Konzerns: Betrachtetes Steuerjahr:
Bitte geben Sie hier kurz alle weiteren Informationen oder Erläuterungen, die Sie für notwendig erachten oder die das Verständnis der vorgeschriebenen Informationen im Country-by-Country Report erleichtern können.

 © OECD 2015

Allgemeine Anleitungen für Anhang III zu Kapitel V

Zweck

Der vorliegende Anhang III zu Kapitel V dieser Leitlinien enthält ein Musterformular für die Berichterstattung über die Aufteilung der Erträge, Steuern und Geschäftstätigkeiten eines multinationalen Konzerns auf Ebene der einzelnen Steuerhoheitsgebiete. Diese Anweisungen sind fester Bestandteil des Musterformulars für den Country-by-Country Report.

Begriffsbestimmungen

Berichtendes multinationales Unternehmen

Ein berichtendes multinationales Unternehmen ist die oberste Muttergesellschaft eines multinationalen Konzerns.

Konzerneinheiten

Im Sinne von Anhang III ist eine Konzerneinheit eine selbstständige Geschäftseinheit des multinationalen Konzerns (Unternehmen, Aktiengesellschaft, Trust, Personengesellschaft usw.), die für die Zwecke der Rechnungslegung in den Konsolidierungskreis des Konzerns aufgenommen wurde. Geschäftseinheiten, die nur aus Größen- oder Wesentlichkeitsgründen nicht in den Jahresabschluss aufgenommen wurden, sollten in den Country-by-Country Report als Konzerneinheiten aufgenommen werden.

Behandlung von Zweigniederlassungen und Betriebsstätten

Der Begriff Konzerneinheit umfasst auch Betriebsstätten eines Unternehmens des multinationalen Konzerns, die Geschäftstätigkeiten in einem Steuerhoheitsgebiet ausüben, vorausgesetzt die fragliche Betriebsstätte erstellt für Aufsichts-, Rechnungslegungs-, Management- und Steuerzwecke gesonderte Erfolgsrechnungen. Die Betriebsstättendaten sollten in Bezug auf das Steuerhoheitsgebiet geliefert werden, in dem sich die Betriebsstätte befindet, und nicht in Bezug auf den Ansässigkeitsstaat der Konzerneinheit, der sie angehört. Die Berichterstattung gegenüber dem Ansässigkeitsstaat für die Konzerneinheit, der die Betriebsstätte angehört, sollte keine Finanzdaten umfassen, die sich auf die Betriebsstätte beziehen.

Zeitrahmen des Musterformulars für die jährliche Berichterstattung

Das Formular sollte sich auf das Steuerjahr des berichtenden multinationalen Unternehmens beziehen. Für Konzerneinheiten sollte das Formular nach Ermessen des berichtenden multinationalen Unternehmens entweder *i)* Informationen für das Steuerjahr der jeweils betrachteten Konzerneinheiten, das am selben Tag endet wie das Steuerjahr des berichtenden multinationalen Unternehmens oder das in einem Zeitraum von 12 Monaten vor diesem Datum endet, oder *ii)* Informationen für alle betrachteten Konzerneinheiten für das Steuerjahr des berichtenden multinationalen Unternehmens liefern.

Datenquellen

Das berichtende multinationale Unternehmen sollte beim Ausfüllen des Formulars Jahr für Jahr konsistent die gleichen Datenquellen verwenden. Dem berichtenden multinationalen Unternehmen ist freigestellt, Daten aus seiner Konzernberichterstattung, aus den gesetzlich vorgesehenen Jahresabschlüssen der einzelnen Unternehmen, aus für aufsichtsrechtliche Zwecke erstellten Abschlüssen oder aus seiner internen Rechnungslegung zu verwenden. Es ist nicht notwendig, die Angaben zu Einkünften, Gewinnen und Steuern im Formularmuster mit dem konsolidierten Jahresabschluss in Einklang zu bringen. Wenn gesetzlich vorgeschriebene Jahresabschlüsse als Grundlage für die Berichterstattung dienen, sollten sämtliche Beträge in die ausgewiesene funktionale Währung des berichtenden multinationalen Unternehmens umgerechnet werden, wobei der durchschnittliche Wechselkurs des im Abschnitt „Zusätzliche Informationen" des Musterformulars angegebenen Jahres zu Grunde zu legen ist. Allerdings müssen keine Anpassungen für Unterschiede zwischen den in den verschiedenen Steuerhoheitsgebieten angewandten Rechnungslegungsgrundsätzen vorgenommen werden.

Das berichtende multinationale Unternehmen sollte im Abschnitt „Zusätzliche Informationen" des Musterformulars eine kurze Beschreibung der beim Ausfüllen des Formulars verwendeten Daten geben. Kommt es von einem Jahr zum nächsten zu Änderungen bei den Datenquellen, sollte das berichtende multinationale Unternehmen die Gründe dieser Änderungen sowie deren Konsequenzen im Abschnitt „Zusätzliche Informationen" des Musterformulars erläutern.

Spezielle Anleitungen für Anhang III zu Kapitel V

Übersicht über die Aufteilung der Erträge, Steuern und Geschäftstätigkeiten nach Steuerhoheitsgebieten (Tabelle 1)

Steuerhoheitsgebiet

In der ersten Spalte des Musterformulars sollte das berichtende multinationale Unternehmen alle Steuerhoheitsgebiete auflisten, in denen Geschäftseinheiten des multinationalen Konzerns steuerlich ansässig sind. Ein Steuerhoheitsgebiet ist definiert als ein Gebiet, das über fiskalische Autonomie verfügt, sei es ein Staat oder nicht. Eine gesonderte Zeile sollte für alle Geschäftseinheiten des multinationalen Konzerns aufgenommen werden, die nach Ansicht des berichtenden multinationalen Unternehmens in keinem Steuerhoheitsgebiet steuerlich ansässig sind. Wenn eine Konzerneinheit in mehr als einem Steuerhoheitsgebiet ansässig ist, sollte die Kollisionsregel des geltenden Steuerabkommens angewandt werden, um den Ansässigkeitsstaat zu bestimmen. Wenn kein anwendbares Steuerabkommen vorliegt, sollte die Konzerneinheit im Steuerhoheitsgebiet des Orts ihrer tatsächlichen Geschäftsleitung gemeldet werden. Der Ort der tatsächlichen Geschäftsleitung sollte in Einklang mit den Bestimmungen von Artikel 4 des OECD-Musterabkommens und des begleitenden Kommentars bestimmt werden.

Einkünfte

In den drei Spalten unter der Überschrift „Einkünfte“ des Musterformulars sollte das berichtende multinationale Unternehmen die folgenden Angaben liefern: *i)* Summe der Einkünfte aller Geschäftseinheiten des multinationalen Konzerns im jeweils betrachteten Steuerhoheitsgebiet, die durch Geschäftsvorfälle mit verbundenen Unternehmen erzielt wurden, *ii)* Summe der Einkünfte aller Geschäftseinheiten des multinationalen Konzerns im jeweils betrachteten Steuerhoheitsgebiet, die durch Geschäftsvorfälle mit fremden Dritten erzielt wurden und *iii)* Summe von *i)* und *ii)*. Die Einkünfte sollten Erlöse aus dem Verkauf von Vorratsvermögen und Liegenschaften, aus Dienstleistungen, Lizenzgebühren, Zinsen, Prämien sowie alle etwaigen sonstigen Beträge umfassen. Nicht

 © OECD 2015

unter den Einkünften erfasst werden sollten von anderen Konzerneinheiten bezogene Zahlungen, die im Steuerhoheitsgebiet des Zahlungsleistenden als Dividenden behandelt werden.

Vorsteuergewinn (-verlust)

In der fünften Spalte des Musterformulars sollte das berichtende multinationale Unternehmen die Summe der Vorsteuergewinne/-verluste aller Konzerneinheiten angeben, die im jeweils betrachteten Steuerhoheitsgebiet steuerlich ansässig sind. Der Vorsteuergewinn/-verlust sollte alle außerordentlichen Einnahmen- und Ausgabenposten umfassen.

Gezahlte Ertragsteuer (auf Kassenbasis)

In der sechsten Spalte des Musterformulars sollte das berichtende multinationale Unternehmen den Gesamtbetrag der von allen im jeweils betrachteten Steuerhoheitsgebiet ansässigen Konzerneinheiten während des betreffenden Steuerjahres tatsächlich gezahlten Ertragsteuer angeben. Die gezahlten Steuern sollten die von der Konzerneinheit an das Steuerhoheitsgebiet, in dem sie steuerlich ansässig ist, sowie an alle anderen Steuerhoheitsgebiete direkt gezahlten Steuern umfassen. Die gezahlten Steuern sollten die von anderen Geschäftseinheiten (verbundene Unternehmen und konzernfremde Unternehmen) in Bezug auf Zahlungen an die Konzerneinheit gezahlte Quellensteuern umfassen. Wenn ein im Steuerhoheitsgebiet A ansässiges Unternehmen A Zinseinnahmen im Steuerhoheitsgebiet B bezieht, sollte die im Steuerhoheitsgebiet B einbehaltene Quellensteuer somit von Unternehmen A ausgewiesen werden.

Noch zu zahlende Ertragsteuer (laufendes Jahr)

In der siebten Spalte des Musterformulars sollte das berichtende multinationale Unternehmen die Summe der noch zu zahlenden laufenden Steueraufwendungen auf zu versteuernde Gewinne oder Verluste des Berichtsjahres aller Konzerneinheiten angeben, die im jeweils betrachteten Steuerhoheitsgebiet steuerlich ansässig sind. Die laufenden Steueraufwendungen sollten nur Tätigkeiten des laufenden Jahres entsprechen und keine latenten Steuern oder Rückstellungen für ungewisse Steuerverbindlichkeiten umfassen.

Ausgewiesenes Kapital

In der achten Spalte des Musterformulars sollte das berichtende multinationale Unternehmen die Summe des ausgewiesenen Kapitals aller Konzerneinheiten angeben, die im jeweils betrachteten Steuerhoheitsgebiet steuerlich ansässig sind. In Bezug auf Betriebsstätten sollte das ausgewiesene Kapital von der juristischen Person angegeben werden, zu der die jeweils betrachtete Betriebsstätte gehört, es sei denn im Betriebsstättenstaat bestünde eine aufsichtsrechtliche Eigenkapitalanforderung.

Einbehaltener Gewinn

In der neunten Spalte des Musterformulars sollte das berichtende multinationale Unternehmen die Summe der gesamten einbehaltenen Gewinne aller Konzerneinheiten, die im jeweils betrachteten Steuerhoheitsgebiet steuerlich ansässig sind, mit Stand zum Jahresende angeben. In Bezug auf Betriebsstätten sollten die einbehaltenen Gewinne von der juristischen Person angegeben werden, zu der die jeweils betrachtete Betriebsstätte gehört.

Beschäftigtenzahl

In der zehnten Spalte des Musterformulars sollte das berichtende multinationale Unternehmen die Gesamtzahl der Beschäftigten (in Vollzeitäquivalenten) aller Konzerneinheiten angeben, die im jeweils betrachteten Steuerhoheitsgebiet steuerlich ansässig sind. Die Beschäftigtenzahl kann zum Jahresendstand, auf Basis des Durchschnitts für das betreffende Jahr oder nach jedem anderen Prinzip, das von Jahr zu Jahr für alle Steuerhoheitsgebiete konsistent angewandt wird, angegeben werden. Unabhängige Auftragnehmer, die an der regulären Geschäftstätigkeit der jeweils betrachteten Konzerneinheit mitwirken, können dabei als Beschäftigte gezählt werden. Sachgerecht auf- bzw. abgerundete oder ungefähre Angaben der Beschäftigtenzahl sind zulässig, vorausgesetzt die Auf- bzw. Abrundung oder Approximation führt nicht zu einer wesentlichen Verzerrung der relativen Verteilung der Beschäftigten auf die verschiedenen Steuerhoheitsgebiete. Die angewandten Methoden sollten von Jahr zu Jahr sowie für die verschiedenen Konzerneinheiten konsistent sein.

Materielle Vermögenswerte (ohne flüssige Mittel)

In der elften Spalte des Musterformulars sollte das berichtende multinationale Unternehmen die Summe des Nettobuchwerts der materiellen Vermögenswerte aller Konzerneinheiten angeben, die im jeweils betrachteten Steuerhoheitsgebiet steuerlich ansässig sind. In Bezug auf Betriebsstätten sollten die Vermögenswerte unter dem Steuerhoheitsgebiet angegeben werden, in dem sich die jeweilige Betriebsstätte befindet. Materielle Vermögenswerte umfassen für die Zwecke dieser Spalte keine flüssigen Mittel, immateriellen Werte oder Finanzwerte.

Auflistung aller Geschäftseinheiten des multinationalen Konzerns, die in den verschiedenen Gesamtangaben erfasst sind, nach Steuerhoheitsgebieten (Tabelle 2)

Im Steuerhoheitsgebiet ansässige Konzerneinheiten

Das berichtende multinationale Unternehmen sollte für die einzelnen Steuerhoheitsgebiete und nach Namen der juristischen Person alle Geschäftseinheiten des multinationalen Konzerns angeben, die im jeweils betrachteten Steuerhoheitsgebiet steuerlich ansässig sind. In Bezug auf Betriebsstätten gilt jedoch, wie weiter oben erwähnt, dass die jeweils betrachtete Betriebsstätte unter dem Steuerhoheitsgebiet aufgelistet werden sollte, in dem sie sich befindet. Dabei sollte die juristische Person genannt werden, dessen Betriebsstätte sie ist (z.B. Unternehmen XYZ – Staat A Betriebsstätte).

Steuerhoheitsgebiet der Gründung oder der Handelsregistereintragung falls abweichend vom Steuerhoheitsgebiet der Ansässigkeit

Das berichtende multinationale Unternehmen sollte den Namen des Steuerhoheitsgebiets angeben, nach dessen Rechtsvorschriften die jeweils betrachtete Geschäftseinheit des multinationalen Konzerns gegründet bzw. im Handelsregister eingetragen wurde, falls es sich dabei um ein anderes Steuerhoheitsgebiet als das der Ansässigkeit handelt.

Wichtigste Geschäftstätigkeit(en)

Das berichtende multinationale Unternehmen sollte die Art der wichtigsten Geschäftstätigkeit(en) bestimmen, der die Konzerneinheit im jeweils betrachteten Steuerhoheitsgebiet nachgeht, indem es eine oder mehrere zutreffende Kategorien ankreuzt.

Geschäftstätigkeiten
Forschung und Entwicklung
Besitz oder Verwaltung von geistigem Eigentum
Einkauf oder Beschaffung
Verarbeitung oder Produktion
Verkauf, Marketing oder Vertrieb
Verwaltungs-, Management- oder Supportleistungen
Erbringung von Dienstleistungen für fremde Dritte
Konzerninterne Finanzierung
Regulierte Finanzdienstleistungen
Versicherung
Besitz von Aktien oder anderen Wertpapieren mit Beteiligungscharakter
Ruhende Tätigkeit
Sonstige[3]

3. Bitte Art der Tätigkeit der Konzerneinheit im Abschnitt „Zusätzliche Informationen“ angeben.

ORGANISATION FÜR WIRTSCHAFTLICHE ZUSAMMENARBEIT UND ENTWICKLUNG

Die OECD ist ein einzigartiges Forum, in dem Regierungen gemeinsam an der Bewältigung von wirtschaftlichen, sozialen und umweltbezogenen Herausforderungen der Globalisierung arbeiten. Die OECD steht auch ganz vorne bei den Bemühungen um ein besseres Verständnis neuer Entwicklungen und unterstützt Regierungen, Antworten auf diese Entwicklungen und die Anliegen der Regierungen zu finden, beispielsweise in den Bereichen Corporate Governance, Informationswirtschaft oder Bevölkerungsalterung. Die Organisation bietet den Regierungen einen Rahmen, der es ihnen ermöglicht, ihre Erfahrungen mit Politiken auszutauschen, nach Lösungsansätzen für gemeinsame Probleme zu suchen, gute Praktiken aufzuzeigen und auf eine Koordinierung nationaler und internationaler Politiken hinzuarbeiten.

Die OECD-Mitgliedsländer sind: Australien, Belgien, Chile, Dänemark, Deutschland, Estland, Finnland, Frankreich, Griechenland, Irland, Island, Israel, Italien, Japan, Kanada, Korea, Luxemburg, Mexiko, Neuseeland, die Niederlande, Norwegen, Österreich, Polen, Portugal, Schweden, Schweiz, die Slowakische Republik, Slowenien, Spanien, die Tschechische Republik, Türkei, Ungarn, das Vereinigte Königreich und die Vereinigten Staaten. Die Europäische Union beteiligt sich an der Arbeit der OECD.

OECD Publishing sorgt für eine weite Verbreitung der Ergebnisse der statistischen Datenerfassungen und Untersuchungen der Organisation zu wirtschaftlichen, sozialen und umweltpolitischen Themen sowie der von den Mitgliedstaaten vereinbarten Übereinkommen, Leitlinien und Standards.

OECD PUBLISHING, 2, rue André-Pascal, 75775 PARIS CEDEX 16
(23 2014 30 5 P) ISBN 978-92-64-23126-9 – 2015

www.ingramcontent.com/pod-product-compliance
Lightning Source LLC
LaVergne TN
LVHW070222110826
845147LV00003B/619

9789264231269